Nur nicht den
Mut

verlieren

ZUSAMMENGESTELLT VON WOLF FORSTER
MIT FOTOGRAFIEN VON FRITZ PÖLKING

BELLA VISTA

Man kann niemanden
überholen, wenn man in
seine Fußstapfen tritt.

 FRANÇOIS TRUFFAUT

Mensch mit

traurigem Gesichte,

sprich nicht nur von

Leid und Streit,

selbst in Brehms

Naturgeschichte

findet sich Barm-

herzigkeit

WILHELM BUSCH

Die meisten Menschen

verwenden mehr Zeit

darauf, um die Probleme

herumzureden, als sie

endlich anzupacken.

HENRY FORD

Nach manchem Ge-
spräch mit einem Men-
schen hat man das
Verlangen, einen Hund
zu streicheln, einem
Affen zuzunicken und
vor einem Elefanten
den Hut zu ziehen.

MAXIM GORKI

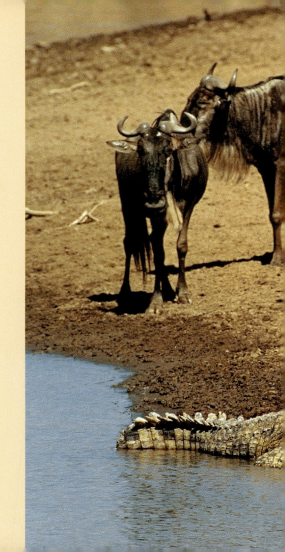

Wer sein Leben

so einrichtet, dass

er niemals auf die

Schnauze fallen

kann, der darf

eben nur auf

dem Bauch

kriechen.

HEINZ RIESENHUBER

Die erste Wirkung einer Anpassung an andere ist, dass man langweilig wird.

ELIAS CANETTI

Niemand weiß, was in

einem drinsteckt, solange

er den Mut nicht hat, es

herauszuholen.

ERNEST HEMINGWAY

Ich fürchte mich vor niemandem.
Wenn einer stärker war als ich,
war ich schneller, und wenn er so
schnell war wie ich, war ich schlauer.
Wenn er entschlossen ist und sich
vor nichts fürchtet, kann auch der
mickrigste Mensch alles erreichen,
was er will.

 ANONYMUS [MEIN LEBEN FÜR DIE MAFIA]

Wer früh aufsteht, ist den ganzen Tag müde.

GRAFFITO

In meinem Aquarium
geht es zu wie im
richtigen Leben.

HELMUT KOHL, BUNDESKANZLER A. D.

Wer seinen Willen

durchsetzen will,

muss leise

sprechen.

JEAN GIRAUDOUX

Um an die Quelle

zu kommen, muss man

gegen den Strom

schwimmen.

STANISLAW JERZY LEC

Du wirst nie wissen,
womit du Erfolg
haben wirst, wenn
du es nicht
versuchst.

ANONYMUS

Es ist im Menschenvolk einmal so Brauch,

vor irgendwem im Staub zu liegen

auf dem Bauch. CARL SPITTELER

Der einzige Mist,

auf dem nichts wächst,

ist der Pessimist.

THEODOR HEUSS

Ich will dem Schicksal
in den Rachen greifen,
ganz niederbeugen soll
es mich gewiss nicht.

LUDWIG VAN BEETHOVEN

Echte Autorität hat es
nicht nötig, sich auf die
Hinterbeine zu stellen.
Sie sitzt bequem auf
dem Hintern.

WILLIAM FAULKNER

Man kann
gar nichts sein,
man kann auf das
Jämmerlichste ver-
sagt haben, und
doch durch eine
einzige Konsequenz
etwas nützen.

ELIAS CANETTI

Es ist schwieriger,

Probleme zu lösen,

als mit ihnen zu leben.

PIERRE TEILHARD DE CHARDIN

ISBN 3-89893-171-4
© Bellavista, ein Imprint der Verlag Karl Müller GmbH, Köln 2003
Idee, Konzeption und Realisation:
Carpe Diem Concept GmbH, Freiburg im Breisgau 2003
Produktion: art und weise, Merzhausen

Herstellung: L.E.G.O. Olivotto S.p.A., Vicenza 2003
Printed in Italy

www.karl-mueller-verlag.de